CHAQUE PIÈCE, 20 CENTIMES.
110ᵉ LIVRAISON.

THÉATRE CONTEMPORAIN ILLUSTRÉ

MICHEL LÉVY FRÈRES, ÉDITEURS,
RUE VIVIENNE, 2 BIS.

LA FORÊT DE SENART

DRAME EN TROIS ACTES

PAR

M. GASTON DE MONTHEAU

REPRÉSENTÉE POUR LA PREMIÈRE FOIS, A PARIS, SUR LE THÉATRE DE LA GAITÉ, LE 12 NOVEMBRE 1853.

DISTRIBUTION DE LA PIÈCE :

DURMER, banquier, 55 ans.	MM. JULIAN.
CHARLES, son fils, 25 ans.	COUTY.
MAURICE, premier commis de Durmer, 35 ans.	GOGGET.
JULES DELAUNAY, ami de Charles, 28 ans.	TAILLADE.
HECTOR VAUTHIER, 32 ans.	JOSSE.
VALENTIN, garçon de caisse de Durmer, 60 ans.	PEPIN.
UN COMMISSAIRE DE POLICE.	BLOT.
UN DOMESTIQUE de Durmer.	THIERRY.
EUGÉNIE, fille de Durmer, 18 ans.	Mᵐᵉ MATHILDE.
DOMESTIQUES.	

La scène se passe, au premier acte, dans une maison de campagne, près de Villeneuve-Saint-Georges ; aux deux derniers actes, à Paris.

ACTE I.

Un salon de campagne, élégamment meublé. — Le fond ouvert représcnte une terrasse donnant sur des jardins.—Au premier plan, à gauche, un canapé ; porte en pan coupé. — A droite, premier plan, un piano ; porte en pan coupé. — Chaises et tables au fond, à droite et à gauche de la porte.

SCÈNE Iʳᵉ.

DELAUNAY, EUGÉNIE.

(*Au lever du rideau, Eugénie est assise devant son piano, et fait de la musique ; Delaunay, assis sur le canapé, tient à la main un album, qu'il feuillette machinalement.*)

DELAUNAY, *rêveur.*
La ravissante mélodie !

EUGÉNIE, *jouant.*
N'est-ce pas ?

DELAUNAY.
Vous la nommez ?

EUGÉNIE.
Souvenir de Bagnères.

DELAUNAY, *fermant brusquement l'album.*
Ah ! il paraît décidément qu'en rendant la santé aux malades, ces eaux ont le privilége de leur laisser aux cœurs les plus doux souvenirs.

EUGÉNIE, *cessant de jouer.*
Que voulez-vous dire ?

DELAUNAY, *allant à Eugénie.*
Tout simplement, mademoiselle, que c'est là qu'il m'a été donné de passer près de vous une partie de l'été, et que c'est à ce charmant séjour que je dois les plus heureux instants de ma vie.

EUGÉNIE, *recommençant à jouer.*
Quelle galanterie !

DELAUNAY.

Du tout; ce n'est que de la reconnaissance. (*Un silence. — Comme frappé d'un dessin qu'il aurait remarqué dans l'album, qu'il s'est remis à parcourir.*) Il me semble, d'ailleurs, que je ne suis pas le seul à penser de la sorte ; car, outre la rêverie du musicien, cette contrée pittoresque a encore inspiré le crayon de l'artiste. (*Il lui présente l'album.*)

EUGÉNIE, *se levant vivement.*

Mon album !... Voulez-vous bien vite me le rendre, monsieur l'indiscret !

DELAUNAY, *lui prenant la main.*

Pas avant de vous avoir remerciée de tout le bonheur que me rappelle l'aspect de ce paysage !

EUGÉNIE, *avec embarras.*

Un site de mémoire, à peine ébauché !

DELAUNAY, *avec feu.*

Mais n'est-ce pas là cette riante vallée, que tant de fois nous avons parcourue ensemble; n'est-ce pas sur la lisière de ces grands bois que nous avons échangé nos premiers regards, nos premiers sourires; n'est-ce pas enfin au pied de cette montagne que, renversé un soir par ce cheval fougueux que j'avais voulu dompter, je vous ai vue pâlir de mon danger, et que cette pâleur subite a trahi, malgré vous, l'aveu que me refusaient vos lèvres !

EUGÉNIE, *naïvement.*

Mon effroi était bien naturel, il me semble... Un instant nous vous avons cru perdu.

DELAUNAY.

Perdu !... quand je ne m'étais pas fait le moindre mal !

EUGÉNIE, *d'un ton de reproche.*

C'est possible, monsieur ! mais vous m'en avez fait beaucoup!

DELAUNAY, *vivement.*

Serait-il vrai, mademoiselle ?

(*On entend au dehors la voix de Durmer appeler :* Eugénie ! Eugénie !)

EUGÉNIE, *se remettant à son piano et jouant très-fort, au hasard.*

Mon père !... Aidez-moi donc, monsieur Jules, à chercher cette sonate de Mozart, que je ne puis retrouver.

SCÈNE II.

DELAUNAY, EUGÉNIE, DURMER, *entrant, sa queue de billard à la main.*

DURMER.

Eh bien ! que fais-tu donc, mon enfant ?... Voilà plus d'un quart-d'heure que je t'appelle !

EUGÉNIE, *à son piano, avec embarras.*

Moi, mon père ?... Je déchiffrais ce morceau.

DURMER, *s'approchant.*

Ah ! ah ! de la musique moderne... Je décline ma compétence... je n'y entends que du bruit.

DELAUNAY, *bas à Eugénie.*

Merci !

DURMER, *redescendant la scène.*

Mais puisque je vous trouve ensemble, tant mieux, ma foi !... cela fera deux victimes, au lieu d'une.

DELAUNAY.

Comment cela ! deux victimes ?

DURMER.

Sans doute; monsieur le curé de Mongeron, le plus intrépide joueur de billard de Villeneuve-Saint-Georges et des environs, vient de me gagner cinq parties de suite, et le digne homme ne veut pas quitter la place, sans couronner sa soirée par une poule générale.

DELAUNAY.

C'est fâcheux; car mademoiselle préludait là à une fantaisie brillante...

DURMER.

Qui vous intéressait plus vivement que tous les carambolages et les bloqués. Je le conço... Mais, par malheur, le curé, lui aussi, a ses petites fantaisie... et celles-là, je me fais un devoir de les satisfaire... Que v... lez-vous ? à son âge !... dans sa position !... et puis, qui sait ? : les innocents plaisirs que nous facilitons à ces pieux vieillards, en ce monde... peut-être, un jour, Dieu nous les rendra-t-il en bonheur, dans l'autre !... Allons, venez, mes enfants, venez !

(*Ils sortent tous trois par la gauche.*)

SCÈNE III.

CHARLES, MAURICE, *portant un manteau, une valise. — Ils entrent par le côté opposé.*

CHARLES.

Mon cher Maurice, si vous êtes prêt, nous partirons dans une demi-heure.

MAURICE.

Tout est disposé pour le départ, monsieur.

CHARLES.

Fort bien ! En ce cas, je vais faire mettre le cheval au cabriolet.

(*Entre Valentin par le fond ; il porte un manteau, une valise, et dépose le tout sur le canapé.*)

SCÈNE IV.

LES MÊMES, VALENTIN.

CHARLES.

Valentin, dites d'atteler... et surtout qu'on n'oublie pas d'allumer les lanternes. (*S'approchant d'une fenêtre.*) Car la nuit me fait l'effet d'être noire.

VALENTIN.

Ah ! monsieur ! il fait noir... comme dans un four ! Je crois que nous aurons de l'orage !...

(*Il sort par le fond.*)

SCÈNE V.

CHARLES, MAURICE.

CHARLES, *tirant sa montre.*

Dix heures et demie !... En partant à onze heures, nous serons à Melun à une heure du matin, et pourrons prendre encore quelque repos avant le jour. (*Consultant son carnet.*) Ah ! dites-moi, vous savez qu'il y a demain deux traites à toucher... l'une de quatre mille francs sur la maison Hermann... l'autre de cinq mille cinq cents sur Daubrun ?

MAURICE.

Oui, monsieur; j'ai donné des ordres pour cela, hier soir, avant mon départ... D'ailleurs, monsieur votre père sera demain à Paris de bonne heure.

CHARLES.

Ah ! c'est juste... je ne songeais plus que c'était demain lundi. (*Regardant sur le canapé.*) Voilà mon manteau, ma valise... Bien ! (*Comme se ravisant.*) Ah ! tenez ! tandis que j'y pense, voici la clé de mon secrétaire... Vous allez m'apporter les trente mille francs, n'est-ce pas ?... mon portefeuille en même temps.

(*Maurice s'incline et sort à droite.*)

SCÈNE VI.

CHARLES, DELAUNAY.

CHARLES, *entrant du fond à gauche.*

Eh bien ! mon cher Jules, la partie de billard est donc déjà terminée ?

DELAUNAY.

Je quitte votre père et mademoiselle Eugénie : quant à moi, je viens de mourir, le plus saintement du monde, entre les mains de monsieur le curé de Mongeron.

CHARLES.

Un passé maître, ma foi !

DELAUNAY.

Ah ça ! mais, vous-même, que faites-vous donc ? un manteau... une valise... on dirait des apprêts de voyage.

CHARLES.

Ne savez-vous pas que je pars, ce soir même, pour Melun ?

DELAUNAY.

Je l'ignorais, d'honneur !... Et pourquoi nous quittez-vous ?

CHARLES.

Une maudite affaire !... un procès dans cette ville... des offres à faire de trente mille francs...

DELAUNAY.

Mais votre premier commis... n'auriez-vous pu le charger ?... c'est, dit-on, un homme sûr...

CHARLES.

Maurice ?... c'est la probité unie à l'intelligence; le dévouement doublé de la capacité ! Je lui aurais confié cette missi...

ns aucune crainte, si, par malheur, ma présence n'eût pas
é indispensable.

DELAUNAY.

Votre présence ?

CHARLES.

Hélas ! oui... j'entrevois certaines difficultés, que moi seul je
uis lever... Ah ! tenez, ne m'en parlez plus !... il m'est assez
énible déjà de perdre ainsi deux des jours que vous avez bien
oulu nous donner, vous, le plus ancien, le meilleur ami de la
mille !... Ce qui me console un peu, c'est l'espoir de vous re-
ouver à mon retour.

DELAUNAY.

Encore un espoir, auquel il vous faut renoncer ! car, moi-
ême, je suis obligé de partir demain soir pour Bordeaux.

CHARLES.

Demain soir ?

DELAUNAY.

Mon père m'y appelle ; et, entre nous, votre départ me con-
arie d'autant plus, qu'il faut bien vous le dire... j'attendais
 vous un service !... j'étais venu ici avec une espérance.

CHARLES

Laquelle ?

DELAUNAY.

J'aime votre sœur. Le bonheur a voulu que je la visse sou-
ent l'année passée, aux eaux de Bagnères. Là, j'ai été à même
'apprécier, tout à loisir, ses aimables qualités, la bonté de son
œur, la grâce de son esprit, la justesse de son jugement.
ai l'orgueil de croire... car, vous le savez, on croit toujours ce
u'on désire... que je ne lui suis pas tout-à-fait indifférent...
nfin, que vous dirai-je ? Je comptais vous charger de pres-
entir monsieur votre père à cet égard, afin de prier le mien,
u cas où j'aurais eu de vous une réponse favorable, d'adresser
ne demande, d'où dépend le bonheur de ma vie.

CHARLES.

Je dois l'avouer, mon cher Jules. Sans me surprendre préci-
ément, la confidence que vous me faites, me cause un sensible
laisir. Je vous promets d'en parler à mon père, sitôt mon re-
our... et, si je ne vous revois pas... eh bien ! je vous écrirai,
t je crois pouvoir vous assurer à l'avance que notre réponse
omblera tous vos vœux.

DELAUNAY.

Que de bonté ! (*Après une pause.*) Mais vous allez sans doute
ne trouver bien impatient, bien indiscret... cependant, il est si
aturel d'être pressé, lorsqu'il s'agit de bonheur !... si donc
ous aviez pu ce soir même... Une seule parole favorable... un
imple mot d'espoir... et je l'aurais emporté dans mon voyage
omme un gage d'avenir, comme le plus doux des trésors !

CHARLES.

Qu'à cela ne tienne !... je vais, sans plus tarder... Justement
oici mon père,

DELAUNAY, *vivement.*

Je vous laisse ; et vais attendre mon sort avec une indicible
nxiété.

CHARLES, *souriant.*

Bon courage ! (*A lui-même, et suivant des yeux Delaunay qui
'éloigne par le fond.*) Pauvre garçon !

SCÈNE VII.

CHARLES, DURMER.

DURMER, *entrant de gauche.*

Ce diable de curé est invincible ; il n'y a qu'Eugénie capable
e lui tenir tête. (*Apercevant la valise.*) Ah ! ah ! te voilà prêt à
artir... Tu as bien tout ce qu'il te faut... le livre de caisse, la
orrespondance surtout... car je tiens singulièrement à ce que
argis reconnaisse qu'il a tort.

CHARLES.

Je ne vois pas là le livre de caisse ; mais je vais prier Maurice
e me le descendre.

DURMER.

Fort bien.

CHARLES.

Cependant, mon père, avant mon départ, j'aurais quelques
mots à vous toucher sur un sujet assez... sérieux.

DURMER.

De quoi s'agit-il donc ?

CHARLES.

Du mariage d'Eugénie.

DURMER.

Diable !

CHARLES.

Oui, un parti se présente... un homme que nous aimons,
que nous estimons ; qui me semble, en un mot, réunir toutes
les conditions désirables, pour assurer le bonheur d'une
femme... (*Maurice paraît à droite sans être vu, et écoute ce qui se
dit. — Musique en sourdine à l'orchestre.*)

DURMER, *souriant.*

Quel est donc ce phénix conjugal ?

CHARLES.

Delaunay.

DURMER.

Jules ?

CHARLES.

Lui-même. Et maintenant, mon père, que pensez-vous de sa
demande ?

DURMER, *après une pause.*

Entre nous, je m'y attendais. A Bagnères, où nous avons
passé la saison ensemble, il s'est montré fort attentif près
d'Eugénie, et ses assiduités, loin de me déplaire, étaient plutôt
encouragées par moi.

CHARLES, *vivement.*

En vérité ?

DURMER.

Pourquoi non ? Delaunay est un jeune homme recomman-
dable sous tous les rapports. (*Maurice disparaît par la droite. —
La musique cesse.*) Riche, sa fortune ne lui semble pas un titre
à l'oisiveté. Son père, un de mes plus anciens amis, est armateur
à Bordeaux : selon toute vraisemblance, le fils suivra la même
carrière. Au surplus, celle-là ou une autre, n'importe !... pourvu
qu'il sache occuper son temps, c'est là l'essentiel à mes yeux ;
car tu connais mes sentiments à cet égard : je veux absolument
que mon gendre ait un état. Lorsqu'un homme ne fait rien, il
s'ennuie ; et lorsqu'un mari s'ennuie, sa femme en a nécessai-
rement le contrecoup.

CHARLES.

Oh ! de ce côté-là, vous pouvez être tranquille.

DURMER.

A la bonne heure !

CHARLES.

Ainsi je puis, avant de m'éloigner, donner à ce brave garçon
une réponse favorable ?

DURMER.

Sans doute !... Mais permets, cependant... Encore faut-il
savoir si Eugénie...

CHARLES.

Quant à cela, je crois pouvoir vous assurer que ce n'est pas
de là que nous viendront les obstacles.

SCÈNE VIII

LES MÊMES, EUGÉNIE, DELAUNAY, *entrant par le fond.*

CHARLES, *bas à Delaunay, en lui serrant la main.*

Bonjour, beau-frère !

DELAUNAY, *de même.*

Ah ! mon cher Charles, s'il était vrai...

DURMER, *à Eugénie, qui est entrée par la gauche.*

Eh bien, Eugénie, qu'as-tu fait du curé ?

EUGÉNIE.

Dès qu'il a entendu sonner onze heures, il s'est sauvé...
comme Cendrillon.

DURMER.

Tu l'as fait reconduire avec la lanterne ?

EUGÉNIE.

Oui, mon père.

SCÈNE IX.

LES MÊMES, VALENTIN, puis MAURICE.

VALENTIN, *à Charles, entrant du fond.*

Monsieur, le cheval est attelé.

MAURICE, *au même, entrant à droite.*

Monsieur, voilà les billets. (*Il lui remet un portefeuille.*)

CHARLES.

Merci, mon cher Maurice ! Pardon mille fois de la peine que

je vous donne; mais j'ai encore oublié là-haut le livre de caisse ; je vous serais obligé de me le redescendre.

(*Maurice sort à droite.*)

DURMER, *à Charles, qui visite le portefeuille.*

Tu laisses les billets dans le portefeuille ?... Prends garde qu'ils ne se confondent avec les autres papiers.

CHARLES.

Vous avez raison, mon père ; je vais les mettre dans ma poche, dans ce petit carnet.

(*Il met les billets dans le carnet, qu'il place dans la poche gauche de son habit.*)

VALENTIN, *à Charles, montrant une paire de pistolets.*

Monsieur veut-il qu'on place ses pistolets dans la voiture !

CHARLES.

Des pistolets ?... Et pourquoi faire, bon Dieu !

VALENTIN.

Dame, monsieur ! la forêt n'est pas toujours sûre... la nuit est très-noire...

CHARLES, *gaîment.*

Bast ! la forêt de Senart n'est pas une forêt de Bondy... et puis, je n'ai jamais cru aux voleurs de grand chemin.

DURMER.

Valentin a peut-être raison, cependant. Tu as des valeurs sur toi...

CHARLES.

Eh ! comment voulez-vous qu'on le sache ?... A moins que ce ne soit vous autres, qui alliez vous embusquer sur mon passage... (*A Valentin.*) Reporte ces armes dans ma chambre, mon vieux. Je n'aurais garde de les prendre : il n'y a rien qui attire les voleurs comme les pistolets.

VALENTIN.

Ça n'empêche pas qu'on a arrêté la malle, il y a dix-huit mois... (*Il sort par le fond, emportant le manteau, la valise et les pistolets.*)

CHARLES.

Ah ! ah ! quelle vieille histoire !

EUGÉNIE.

Tu seras à Paris après-demain, n'est-ce pas, frère ?

CHARLES.

Oui, après-demain matin, au plus tard.

SCÈNE X.

LES MÊMES, MAURICE, *apportant le livre de caisse, et entrant par la droite.*

CHARLES.

Bien, mon ami... Voulez-vous le faire mettre dans la voiture ?

DURMER, *après être allé regarder au fond.*

Est-ce que tu prends le petit cheval bai ?... Tu sais qu'il est peureux en diable : il va encore te jouer quelque tour.

CHARLES.

Oui, mais il va vite, et c'est là l'essentiel.

DURMER, *à Maurice.*

Maurice, vous qui êtes la prudence personnifiée, je vous recommande d'en avoir pour deux... et même pour trois... par la même occasion, vous modérerez le cheval et le jeune homme.

MAURICE.

Soyez tranquille, monsieur.

CHARLES, *gaîment.*

Allons, nous voilà, Rutland et moi, sous la tutelle de l'ami Maurice. Qu'il y prenne garde ! Il a affaire à deux animaux bien indociles !... Bonsoir, Eugénie ! (*Baisant sa sœur au front.*) Bonsoir, mademoiselle.

EUGÉNIE.

Mademoiselle ?... que de cérémonie !

CHARLES.

Dame ! on jouit de son reste.

EUGÉNIE, *avec un regard sur son père.*

Que veut-il dire ?

DURMER, *souriant.*

Ma foi, je n'en sais rien.

CHARLES, *à Delaunay, lui donnant une poignée de main.*

Adieu, mon cher Jules. (*Bas.*) Nous nous reverrons bientôt

DELAUNAY, *de même.*

Ah ! mon ami, toute ma vie est ici maintenant.

CHARLES, *prenant son chapeau, son manteau, etc. à part, à Delaunay.*

Bon espoir ! (*Haut.*) Adieu donc... tout le monde !

TOUS.

Au revoir... bon voyage !

DURMER, *à Maurice.*

Bonsoir, Maurice ! (*Il lui dit quelques mots à voix basse Maurice lui fait signe d'être tranquille ; puis, salue Eugénie et Delaunay.*)

(*Charles et Maurice sortent par le fond. — Peu après, on entend le roulement d'une voiture qui s'éloigne.*)

SCÈNE XI.

DURMER, DELAUNAY, EUGÉNIE.

DURMER.

Avec ce cheval-là, et si Charles ne fait pas de folies, ils seront dans deux heures à Melun. (*Avec un regard sur la pendule.*) Onze heures et demie. — Etes-vous un couche-tôt, mon cher Delaunay ?

DELAUNAY.

Au contraire, monsieur.

DURMER.

C'est donc comme moi. Le sommeil ne me vient jamais avant une heure du matin... ces diables d'habitudes parisiennes vous suivent partout... Savez-vous que j'ai sur le cœur notre partie d'échecs de ce matin ?... seriez-vous homme à me donner ma revanche ?

DELAUNAY.

Très-volontiers, monsieur.

DURMER.

A la bonne heure ! voilà de la bravoure et de la loyauté ! (*A Eugénie.*) Toi, Eugénie, pour peu que tu préfères te coucher...

EUGÉNIE, *vivement.*

Du tout, mon père... je n'ai jamais eu si peu envie de dormir.

DELAUNAY.

Quel bonheur !... (*Se reprenant.*) De la sorte, mademoiselle sera juge de la partie.

EUGÉNIE.

Oh ! un juge bien ignorant ! (*Elle va prendre une table de jeu, afin de la dresser.*)

DURMER, *avec un soupir.*

Comme on n'en voit que trop, par malheur pour mon procès.

DELAUNAY, *qui s'est empressé d'aider Eugénie.*

Un procès... important ?

DURMER, *allant s'asseoir à la table.*

Eh oui ! de quelque importance. Par bonheur, il est en bonnes mains... (*Ici Valentin apporte le thé, qu'il dépose sur une table au fond, à droite.*) Installons-nous !... Un avocat de talent, d'abord, et puis Charles qui, au besoin, plaiderait notre cause lui-même, et mieux que personne. (*Ils dressent leurs pièces.*)

DELAUNAY.

Vraiment ?

DURMER.

Oh ! c'est un garçon solide en affaires que mon Charles, et je vous le garantis. Aussi, dans six mois qu'il aura ses vingt-cinq ans révolus, je me reposerai... ma foi, avec délices, et alors je marierai ma fille...

DELAUNAY, *vivement.*

Ah ! vous marierez mademoiselle Eugénie ?

DURMER.

Voulez-vous donc qu'elle coiffe sainte-Catherine ?

DELAUNAY, *vivement.*

Moi ?... oh ! du tout, monsieur !... bien au contraire ! (*Eugénie, pendant cette première partie de la scène, leur sert à tous deux une tasse de thé, puis revient s'asseoir sur le canapé.*)

DURMER.

Je crois, d'ailleurs, qu'elle n'éprouverait-elle-même pour cette sainte qu'une sympathie assez médiocre... Qu'en dis-tu, Eugénie ?

EUGÉNIE, *avec embarras, et rougissant.*

Je ferai ce qu'il vous plaira, mon père.

DURMER, *souriant.*

Voyez-vous l'obéissance !... oh ! c'est une fille bien élevée, je vous en réponds.

DELAUNAY, *avec feu.*

Je le sais, monsieur... Qui, plus que moi, a été à même d'apprécier les excellentes qualités de mademoiselle, les heureux fruits de son éducation, la perfection de son naturel ?

DURMER, *buvant.*

Faites attention !... Voilà une tour que vous laissez sans défense !

DELAUNAY

Ah ! c'est juste !

EUGÉNIE.

Sans compter que vous finirez par me faire rougir, en énumérant ainsi, devant moi, toutes les perfections que vous me supposez.

DURMER.

Soyez tranquille... nous tâcherons de lui trouver un brave garçon, qui se chargera de son bonheur.

DELAUNAY, *vivement.*

Et vous le trouverez, Monsieur !... le bonheur de mademoiselle Eugénie, j'en réponds... (*Se reprenant.*) C'est-à-dire, j'en répondrais !...

DURMER.

N'est-ce pas ?... — Ah ! ça, mais, mon cher, vous n'y êtes plus du tout... le désordre se met dans votre armée... Si vous m'en croyez, trève à la conversation ! Aussi bien, entre nous, ne me semblez-vous pas de la force de César, qui pouvait faire deux choses à la fois.

DELAUNAY.

Vous avez raison. Attention, par exemple !... Je suis tout au jeu maintenant.

(*L'orage se fait entendre.*)

DURMER, *jouant.*

Ah ! ah ! l'orage se déclare ; mon fils aura mauvais temps.

DELAUNAY, *jouant.*

Je le crains pour lui !

DURMER.

Eh bien ! pendant ce temps, Eugénie va nous chanter la romance à la mode.

DELAUNAY.

Alors ! gare aux distractions !

DURMER.

Boh ! la musique ! ça s'entend, ça ne s'écoute pas !
(*Tonnerre, éclairs.*)

EUGÉNIE, *chante.*

AIR de *M. Fossey.*

OEillets, paquerettes et roses,
Je fais de vous de frais bouquets ;
Marguerites fraîches écloses,
Je sais deviner vos secrets,
Chaque fleur a pour moi son langage,
Que je viens consulter tous les jours...

DURMER, *jouant.*

Échec au roi !

(*Delaunay fait attention à son jeu.*)

EUGÉNIE, *continue de chanter, les yeux fixés sur lui.*

L'une dit : il sera volage,
Et l'autre : il t'aimera toujours.   } bis.

(*On entend le roulement d'une voiture qui s'arrête ; — puis on sonne violemment à la porte extérieure.*)

DURMER, *surpris.*

Qui peut sonner ainsi, à pareille heure ?

EUGÉNIE.

N'avez-vous pas entendu comme le bruit d'une voiture qui s'arrêtait ?

DELAUNAY.

En effet !

DURMER, *appelant.*

Valentin ! — Les autres domestiques doivent être couchés dans la maison.

(*Entre Valentin.*)

SCÈNE XII.

LES MÊMES, VALENTIN.

DURMER.

Valentin, allez donc voir qui peut sonner ainsi ?

VALENTIN.

J'y allais, Monsieur.

DURMER.

Surtout, demandez bien qui est là, avant d'ouvrir.

VALENTIN.

Soyez tranquille. (*Il sort par le fond.*)

SCÈNE XIII.

DURMER, DELAUNAY, EUGÉNIE.

DURMER, *regardant la pendule.*

Il est près d'une heure... Je n'imagine pas qui peut venir ainsi dans la nuit, ni surtout sonner de la sorte.

EUGÉNIE, *se pressant contre son père avec effroi.*

Ah ! mon père ! j'ai peur !

DURMER, *la prenant sur lui.*

Peur de quoi, mon enfant ! Valentin n'ouvrira pas, sans savoir à qui.

DELAUNAY, *à Eugénie toute tremblante.*

Rassurez-vous, Mademoiselle ! Il n'y a aucun danger... d'ailleurs, ne sommes-nous pas là ?

(*Silence. — Ils paraissent écouter durant quelques instants.*)
(*Valentin accourt tout effaré.*)

SCÈNE XIV.

LES MÊMES, VALENTIN.

TOUS TROIS, *avec terreur.*

Eh bien ?

VALENTIN, *il peut à peine parler.*

Monsieur !... monsieur !...

DURMER, *vivement.*

Parle-donc !

VALENTIN, *d'une voix entrecoupée.*

J'ai demandé : qui est-là ?... D'abord, pas de réponse ; et puis, comme une voix sourde qui se plaignait... alors je me suis hasardé à entr'ouvrir la porte...

DURMER.

Eh bien ! ! !

VALENTIN.

J'ai vu un homme... étendu par terre...

TOUS TROIS.

Un homme !

VALENTIN, *de mêm*

Et une voiture !... Je crois... je crois... que c'est le cabriolet de... monsieur Charles.

DURMER, *saisi.*

Mon fils !

EUGÉNIE.

Mon frère !

TOUS TROIS.

Courons !

(*Ils s'élancent dehors, excepté Valentin.*)

SCÈNE XV.

VALENTIN, seul.

(*Il s'appuie contre un fauteuil, tremble de tous ses membres, et l'on entend claquer ses dents.*)

Ce que j'ai vu... entendu !... mes yeux se troublent ! mes jambes ne peuvent plus me porter. (*Il se laisse lourdement tomber dans le fauteuil à droite.*)

SCÈNE XVI.

VALENTIN, DURMER, DELAUNAY, EUGÉNIE, MAURICE.

(*Durmer et Delaunay portent Maurice évanoui : il est en désordre, et a une blessure au bras gauche. — On le dépose sur le canapé.*)

DURMER, *avec anxiété.*

Mon fils ! mon fils ! où est mon fils ?

EUGÉNIE, *fondant en larmes.*

Oh ! mon Dieu ! mon frère !

(*On cherche à faire revenir Maurice de son évanouissement.*)

DURMER.

Qu'il parle !... un seul mot !... mon Dieu !... mais faites qu'il puisse parler !...

(*Maurice paraît recouvrer ses sens ; tous se pressent autour de lui.*)

DURMER.

Il revient !... mon fils ?... répondez !

MAURICE, *d'une voix éteinte et en se levant, promenant vaguement ses regards autour de lui.*

Votre fils ?... (*Une pause.*) Assassiné ! (*Il retombe sur le canapé.*)

DURMER, EUGÉNIE, DELAUNAY, *jetant un cri.*

Ah !

(*Le rideau tombe.*)

ACTE II.

Une pièce meublée fort simplement. — A la gauche du public, un bureau couvert de registres et de papiers ; à sa droite, un secrétaire. — Au fond à droite, une bibliothèque, fauteuil devant ; à gauche au fond, une caisse de banquier ; un fauteuil devant le bureau.

Au lever du rideau, Maurice est assis auprès du bureau. — Il tient sa tête appuyée sur son coude et paraît réfléchir profondément. — Valentin entre du fond, et arrive a lui sans qu'il l'ait vu ni entendu.

SCÈNE I.

MAURICE, VALENTIN.

VALENTIN.

Monsieur ?...

MAURICE, *sortant de sa rêverie à l'appel de Valentin. — Brusquement.*

Qu'est-ce encore ?... Vous faites comme à votre ordinaire ?... vous venez, à pas de loup, me surprendre, m'espionner...

VALENTIN.

Moi, monsieur !... je venais tout simplement savoir si vous aviez des ordres...

MAURICE, *le fixant avec méfiance.*

Ah ! (*Il se lève, ouvre la caisse, prend deux sacs et deux traites qu'il dépose sur le bureau, sans quitter des yeux Valentin.—Musique.*) Tenez, voilà trois mille francs à porter à la Banque, et deux effets a toucher. (*Il sort par le fond, après avoir jeté sur Valentin un dernier regard soupçonneux. — La musique cesse.*)

SCÈNE II.

VALENTIN seul, le suivant des yeux.

Conçoit-on une pareille méfiance ?... voilà pourtant la troisième fois qu'il me fait de ces scènes-là !... Je viens pour l'espionner !... Hum ! qui n'a rien à cacher, n'a pas peur des espions. Quel caractère ! Dans le commencement qu'il était ici, nous le trouvions dur, fier, toujours sombre et en dessous ; mais depuis deux ans que monsieur a perdu son fils, et que c'est lui seul qui fait au logis la pluie et le beau temps, c'est bien autre chose encore ; et Dieu sait, entre nous, où cela s'arrêtera...

SCÈNE III.

DELAUNAY, VALENTIN.

DELAUNAY, *entrant par la porte du fond.*

Bonjour, mon vieux Valentin !...

VALENTIN, *surpris.*

Vous de retour !... vous, monsieur Delaunay !... Ah ! combien j'ai de plaisir à vous revoir !

DELAUNAY, *vivement.*

Dis-moi, tout le monde se porte bien, ici ?...

VALENTIN,

Oui, monsieur, Dieu merci !... Ah çà ! mais y a-t-il longtemps qu'on ne vous a vu !

DELAUNAY, *avec un soupir.*

Va ! j'étais le premier à souffrir cruellement de cette tr longue absence.

VALENTIN.

En vérité ?...

DELAUNAY.

Obligé de partir pour Bordeaux, quelques jours après l'horrib événement qui a privé monsieur Durmer de son fils, j'ai app moi-même, en arrivant chez mon père, de bien tristes nouvelle la faillite d'un de nos correspondants de l'Ile Bourbon ven de compromettre toute notre fortune. Il m'a fallu partir, m'e barquer pour l'Inde, afin de réparer le mal, s'il en était tem encore. J'y suis parvenu, et, du moins, n'ai pas perdu m temps dans ce long et douloureux voyage. Mais, à mon retou Valentin, mon pauvre père était mort, me laissant, par su de sa fin subite, des affaires difficiles à liquider, et qui m'o encore retenu longtemps à Bordeaux... J'arrive enfin, bien i patient, bien heureux de revoir mademoiselle Eugénie ; car, faut le le dire. le jour fatal où j'ai quitté le pauvre Charles... l pour ne plus le revoir !... j'avais son consentement, j'avais l veu de son père pour la demander en mariage ; et c'est ce demande que je viens renouveler aujourd'hui, avec l'espéran et la joie dans le cœur !...

VALENTIN, *secouant tristement la tête.*

Epouser mademoiselle Eugénie !

DELAUNAY, *vivement.*

Sans doute ! pourquoi cette question ? serait-elle marié

VALENTIN.

Mariée ? non monsieur, non, elle ne l'est pas encore (*Hésitant.*) Mais...

DELAUNAY, *avec anxiété.*

Mais ?...

VALENTIN.

Elle le sera demain.

DELAUNAY, *saisi.*

Grand Dieu ! est-il possible que monsieur Durmer m oublié à ce point ?... que sa fille elle-même... Il est vrai qu'e ignorait peut-être mon amour, mes projets... (*Avec désespo Mais, qui épouse-t-elle donc ?...

VALENTIN.

Ah ! monsieur Jules, les choses ont bien changé depuis vo départ... d'abord, après la mort de son fils, de désespoir et souffrance, monsieur est devenu fou...

DELAUNAY.

J'ai appris ce nouveau malheur, mais j'ai su aussi que, dep lors, la santé de monsieur Durmer s'était rétablie, qu'il av retrouvé la raison...

VALENTIN.

En effet, mais sa folie a duré plus de six mois, et dar pendant tout ce temps-là, il n'y avait. pour faire marcher affaires, que monsieur Maurice, le premier commis. Bien lui-même ait été longtemps à se guérir de la blessure q avait reçue au bras... vous savez... en défendant monsi Charles, dans cette triste nuit où... (*Il essuie une larme.* s'est bravement mis à la tête de la maison, déployant, il en convenir, quoique je ne l'aime guère au fond, un zèle, courage extraordinaires ; travaillant sans relâche, le jour con la nuit. Non-seulement il a continué les affaires, entretenu la relations de monsieur Durmer, mais, par une sollicitude, activité vraiment merveilleuses, il a su les augmenter, étendre. Quand notre pauvre maître a été guéri, et qu'il a lui qui croyait tout perdu, que sa fortune était presque d blée, grâce au travail, à l'intelligence de son premier com la reconnaissance lui a inspiré pour lui une si vive affect qu'il semble aujourd'hui que ce soit un second fils, et que, content de le chérir comme tel, il veuille lui en donner le n en lui accordant sa fille... car le contrat se signe demain.

DELAUNAY, *avec douleur.*

Et mademoiselle Eugénie a pu consentir !... moi qui croya qui avais espéré un instant..

VALENTIN.

Ah ! la pauvre chère demoiselle !... il n'y a pas de sa fa allez !... Elle est assez triste, je vous jure... et c'est bien sré elle...

DELAUNAY, *vivement.*

Elle ne l'aimerait pas !...

VALENTIN.

Elle ! aimer un pareil homme !... (*Lui indiquant Eugénie, qu'il entend venir par la gauche.*) Tenez ! au surplus, demandez-le lui à elle-même... car je l'entends.

DELAUNAY, *saisi.*

Eugénie !

VALENTIN, *allant prendre sur le bureau l'argent et les billets, puis revenant au-devant d'Eugénie, qui entre par la gauche.*

Je vous laisse avec elle, monsieur Jules... Donnez lui du courage... (*La regardant avec tristesse.*) car, la pauvre enfant ! pour obéir, je suis sûr qu'elle en a bien besoin ! (*Il sort lentement par le fond.*)

SCÈNE IV.

EUGÉNIE, DELAUNAY.

EUGÉNIE, *vivement, dès qu'elle aperçoit Delaunay.*

Jules !

DELAUNAY, *avec une émotion profonde.*

Mademoiselle !...

EUGÉNIE, *d'une voix entrecoupée.*

Pardonnez-moi, monsieur; mais votre présence inattendue m'a rappelé un jour si douloureux...

DELAUNAY, *avec expression.*

Un jour à jamais regrettable pour tous deux, mademoiselle ; un jour qui, vous enlevant le meilleur des frères, m'a privé du meilleur des amis !... Que n'ai-je pu, du moins, en ce malheureux instant, vous prodiguer toutes les consolations, dont avait besoin votre cœur. Pourquoi, frappé moi-même par des revers imprévus, me suis-je vu contraint à un départ si prompt et à une si longue absence...?

EUGÉNIE.

Hélas !

DELAUNAY.

Monsieur votre père vous aura fait part sans doute des lettres nombreuses, dans lesquelles je n'ai cessé de protester, tout le temps qu'a duré cette absence, de mes regrets cruels, de mon constant attachement pour lui et pour vous.

EUGÉNIE, *tristement.*

Il y a plus d'une année, monsieur, que mon père ne m'a parlé de vous...

DELAUNAY, *vivement.*

Qu'entends-je !... Ainsi, vous ignorez un amour, que sa pureté même et mon respect pour vous, me faisaient une loi de vous taire !...

EUGÉNIE, *saisie.*

Quoi ! monsieur...

DELAUNAY.

Vous ignorez que, le jour où j'ai quitté le pauvre Charles pour jamais, il avait agréé, et monsieur votre père après lui, une demande d'où dépendait le bonheur de ma vie entière ?...

EUGÉNIE, *avec un mélange de joie et de douleur.*

Il serait vrai !...

DELAUNAY.

Et, lorsqu'après toutes les épreuves, toutes les souffrances d'une si longue séparation, je reviens enfin, le cœur plein d'espoir et d'amour, c'est pour apprendre... Ah ! tenez, mademoiselle !... je suis bien malheureux !

EUGÉNIE, *cherchant à dissimuler son émotion, sous une froideur affectée.*

Vous avez appris, monsieur, que le sort avait autrement disposé de moi.

DELAUNAY, *d'un ton de reproche.*

Et vous avez pu consentir...!

EUGÉNIE.

J'ai dû suivre, monsieur, la volonté d'un père... qui m'aime... et auquel je n'ai jamais su désobéir..

DELAUNAY, *vivement.*

Ainsi, ce n'est qu'un acte de soumission que l'on obtiendra de vous !... Si, du moins, j'étais seul sacrifié, si je n'avais à pleurer que mon bonheur perdu !... mais vous voir ravie à ma tendresse, sans avoir la certitude de vous savoir heureuse ; vous perdre, pour vous voir souffrir !...

EUGÉNIE.

Et qui vous dit, monsieur, que je ne serai pas heureuse ?

DELAUNAY, *avec chaleur.*

Croyez-vous donc que je ne sache pas lire dans ces yeux encore gros de larmes, dans ces traits altérés ! Oh ! je le vois trop, ce mariage vous est odieux.

EUGÉNIE, *tressaillant.*

Odieux ! non, monsieur, car si mon père l'a ordonné, c'est qu'il croit y entrevoir pour sa fille des gages de bonheur... Un père peut-il se tromper, lorsqu'il s'agit de l'avenir de son enfant ?

DELAUNAY.

Cependant, mademoiselle...

EUGÉNIE, *avec dignité.*

Monsieur Delaunay, vous étiez l'ami de mon frère... (*Lui tendant la main.*) soyez aussi le mien... Par pitié, ne m'ôtez pas le courage... Il m'en fallait pour obéir, avant de vous avoir revu... (*Fondant en larmes.*) Je sens maintenant qu'il m'en faut plus que jamais.

DELAUNAY.

Serait-il possible ! mon espoir eût trouvé grâce devant vous! Vous auriez partagé !... Ah! Eugénie!... Entrevoir le bonheur, et le perdre pour toujours !... Mais non... il n'en sera pas ainsi ! Votre père ne vous contraindra pas à une union qui ferait votre malheur... (*Entendant la voix de Durmer.*) Le voici !... je vais me jeter à ses pieds... le supplier... le fléchir !...

EUGÉNIE, *avec accablement.*

La volonté de mon père est inflexible... Adieu, monsieur !...

(*Elle sort vivement par la gauche.*)

SCÈNE V.

DELAUNAY, DURMER, *entrant par la droite.*

DURMER, *à Delaunay, qui le salue; avec froideur et embarras.*

Pardon de vous avoir fait attendre, monsieur Delaunay ; Valentin m'avait annoncé votre visite, mais des comptes a terminer....

DELAUNAY.

Comment donc ! je m'en voudrais de vous avoir dérangé...

DURMER.

J'ai appris avec douleur, monsieur, la perte que vous avez faite de votre excellent père, lui, dont j'avais reçu, quand j'habitais Bordeaux, de si précieux témoignages de confiance et d'amitié !... (*Avec un soupir.*) Mais telle est la vie pour nous autres vieillards !... A chaque pas, un lien se brise dans nos affections ; une tombe nouvelle se creuse a nos côtés... (*Comme repoussant une idée pénible.*) Vous avez beaucoup voyagé depuis qu'on ne vous a vu ?...

DELAUNAY.

Oui, monsieur, de graves intérêts m'ont long-temps retenu dans l'Inde ; mais j'ai eu du moins cette triste consolation d'arriver en France pour fermer les yeux de mon père... Il est mort avec le calme de l'homme de bien, tranquille sur l'avenir de son fils, et croyant a son bonheur... car il savait mes espérances, monsieur; et, connaissant votre loyauté, il ne pensait pas qu'elles dussent m'échapper... (*Appuyant avec intention.*) Votre promesse...

DURMER.

Ma promesse, monsieur ?...

DELAUNAY.

Votre adhésion, du moins, que votre malheureux fils était venu m'annoncer avec tant de joie, et que j'ai dû croire invariable, n'ayant rien fait pour en démériter...

DURMER, *avec gravité.*

Monsieur, j'ai pu alors accueillir avec satisfaction une demande que je regardais, que je regarde encore comme honorable... mais, vous ne le savez que trop, les temps ne sont plus les mêmes, et l'affreux malheur qui a bouleversé ma vie a bien pu apporter quelque changement dans mes projets... Mieux que personne, je conçois tout ce que ce changement peut et doit avoir de douloureux pour vous ; veuillez croire que j'en éprouve un sincère regret; mais je n'avais pas engagé ma parole, j'étais demeuré maître de ma volonté, et j'ai pu disposer autrement de la main de ma fille, sans pour cela cesser de croire que j'assurais son bonheur.

DELAUNAY, *vivement.*

Et cependant, si le bonheur de mademoiselle Eugénie n'était pas certain ?... si ce n'était qu'avec répugnance...

DURMER, *avec autorité.*

Arrêtez, monsieur !... le doute que vous soulevez ici est injurieux pour moi, puisqu'il me blâme dans le choix que j'ai fait pour ma fille, qui n'a pu vous faire part de ses sentiments, ni vous charger d'en être l'interprète.

DELAUNAY.

Pardonnez-moi, monsieur, mais...

DURMER.

Aussi bien, monsieur Delaunay, permettez-moi de rompre un entretien, qui ne saurait être que pénible pour tous deux en se prolongeant.

(*Delaunay s'incline et sort par la porte du fond.*)

SCÈNE VI.

DURMER, seul, *s'asseyant à gauche.*

Par bonheur, Eugénie n'a jamais su la demande que m'avait faite ce jeune homme, et, de sa part du moins, nulle inclination antérieure ne peut venir contrarier mes projets... N'importe ! ce retour inattendu de monsieur Delaunay est une raison de plus pour hâter le mariage ; le contrat se signera demain, dans l'après-midi.

SCÈNE VII.

DURMER, MAURICE, *entrant vivement par la porte du fond. et allant à Durmer.*

MAURICE.

Monsieur, une fâcheuse nouvelle !...

DURMER, *vivement.*

Laquelle, mon ami ?

MAURICE.

La maison Wilson de Londres, a suspendu ses paiements.

DURMER, *avec indifférence.*

Ah !... ah ! Et pour combien sommes-nous la-dedans ?

MAURICE.

Une seule traite, qui n'est heureusement que de sept mille francs.

DURMER.

Allons !... c'est une bagatelle.

MAURICE.

C'est égal ; je m'en veux, de ne pas être allé moi-même à Londres, le mois dernier ; peut-être auriez-vous été payé.

DURMER.

Vous êtes bien bon de vous faire des reproches ; mais voilà comme vous êtes ; ayant mes intérêts plus à cœur que moi-même !... après tout, ce n'est-là qu'un fort petit malheur ; qu'il n'en soit plus question, je vous prie ! (*Se levant.*) et parlons d'une affaire bien autrement sérieuse... Eh bien! mon cher Maurice, c'est donc demain le grand jour ?...

MAURICE.

Ah ! monsieur, combien je suis confus, reconnaissant, de toutes vos bontés pour moi !

DURMER.

Confusion? reconnaissance?... que sont ces grands mots dans votre bouche ?... votre reconnaissance, d'abord, je n'en veux pas... et, pour en être débarrassé une bonne fois, écoutez-moi bien. Par votre travail, votre intelligence, votre dévouement, vous avez fait prospérer ma maison, au-delà même de toutes mes espérances... Je vous dois une partie de ma fortune ; je vous donne ma fille... nous sommes quittes, voilà tout...

MAURICE.

Cependant...

DURMER, *poursuivant.*

Si encore je ne vous dois pas de retour !... car, en épousant ma fille, ne vous y trompez pas, vous me rendez un service. Vous connaissez mes idées sur le mariage ; à mes yeux, il y a plus de chances de bonheur pour une femme avec un homme honnête et laborieux, qui ne doit sa fortune qu'à son travail, à sa probité, qu'avec un de ces oisifs du grand monde, qui, l'ayant trouvée toute faite, n'ont trop souvent que la peine de la manger. Dites-moi, mon cher Maurice, où rencontrerais-je un homme que j'aie mieux éprouvé, et dont je fusse plus sûr que vous ?... (*Lui prenant la main.*) Vous le voyez donc bien, mon ami ; en épousant ma fille, c'est un service que vous me rendez.

MAURICE.

Oui ; mais peut-être mademoiselle Eugénie ne partage-t-elle pas vos sentiments à cet égard ; peut-être l'idée seule d'épouser un commis de son père...

DURMER.

Eugénie est beaucoup plus raisonnable que vous n'avez l'air de le croire. Dieu merci ! elle n'a pas été élevée dans ces idées de sotte vanité que vous lui supposez...

MAURICE, *vivement.*

Loin de là, monsieur, je lui suppose au contraire toutes les qualités, toutes les vertus !

DURMER.

Non, mon ami, non, je vois que vous pensez un peu de mal de ma fille. (*Souriant.*) Mais votre femme se chargera de vous désabuser...

MAURICE, *insistant.*

Si pourtant mademoiselle votre fille ne voyait pas ce mariage avec plaisir, vous ne voudriez pas...

DURMER.

Si vraiment, je *voudrais* ; car ma fille n'est qu'un enfant, et moi, j'ai de l'expérience. Mieux qu'elle, je sais ce qui doit la rendre heureuse. Au surplus, mon ami, nous raisonnons-là sur des chimères... ma fille partage depuis longtemps, j'en suis sûr, l'affection que j'ai pour vous. (*Eugénie a paru sur le seuil de la porte de gauche.*)

EUGÉNIE.

Mon père je viens... (*En voyant Maurice elle va pour se retirer.*)

SCÈNE VIII.

DURMER, MAURICE, EUGÉNIE.

DURMER, *allant à Eugénie.*

Ah ! c'est toi, Eugénie ?... eh bien ! reste donc, mon enfant... tu ne nous déranges pas ; au contraire, nous serons en famille !

EUGÉNIE, *timidement et avec embarras.*

Mon père...

DURMER.

Voyons ! ne sois donc pas si timide !... Si, comme tant de pères, je te donnais un mari qui te fût à peine connu... mais l'ami Maurice, qui t'a vue encore enfant, qui est de la maison... que diable ! ce n'est pas là un mariage improvisé... c'est une union préparée de longue main, et qui, depuis longtemps, tu le sais, est l'objet de toutes mes espérances, de tous mes désirs.

EUGÉNIE, *avec résignation.*

Aussi, je vous obéirai ; mon père.

DURMER.

Tu m'obéiras, c'est fort bien, et la docilité est une excellente chose. Mais je ne veux pourtant pas que tu ne te maries que par contrainte... je sais qu'il n'en est pas ainsi ; je sais... (*Eugénie pleure. Durmer, après l'avoir observée un instant, fait signe à Maurice de se retirer. — Celui-ci sort par la droite.*)

SCÈNE IX.

DURMER, EUGÉNIE.

EUGÉNIE, *en pleurs, et tombant dans le fauteuil de droite, d'une voix suppliante.*

Mon père, ayez pitié de moi !

DURMER, *sévèrement.*

Vous êtes folle !

SCÈNE X.

DURMER, EUGÉNIE, DELAUNAY, *entrant vivement par la porte du fond.*

DELAUNAY.

Monsieur, monsieur, écoutez-moi !...

DURMER.

Encore vous, monsieur ?...

DELAUNAY.

Je viens à vous, dans un intérêt qui doit vous être sacré, dans l'intérêt de votre fille.

DURMER.

De ma fille ?

DELAUNAY.

Je viens démasquer, à vos yeux, l'homme que vous prétendez lui donner pour époux !

DURMER.

Et de quel droit, s'il vous plaît, vous mêlez-vous des affaires de ma maison ?

DÉLAUNAY.

Au nom du ciel, monsieur, écoutez-moi ! Cet homme est un
eur ; il a des dettes ; il circule dans le commerce un billet de
gt mille francs, souscrit par lui.

DURMER.

Peut-être, monsieur, me serait-il permis de douter de ce que
us avancez avec tant d'assurance et si peu de preuves ; mais
nd il serait vrai, qu'importe ?... Ne peut-on souscrire des bil-
s, et rester un fort galant homme, pourvu qu'on les paye à
héance ?

DELAUNAY, *les yeux fixés sur Eugénie.*

Cependant, monsieur...

DURMER, *avec autorité.*

Plus un mot, monsieur, si vous tenez à ce que je conserve
stime que j'ai eue pour vous jusqu'à ce jour. Je veux bien
ire encore au désintéressement, à la pureté de vos inten-
ns, et ne pas voir dans votre démarche une odieuse dénon-
tion.

EUGÉNIE.

Oh ! mon père...

DELAUNAY, *avec douleur.*

Une dénonciation !... lorsqu'il s'agit de sauver votre fille...

DURMER.

Monsieur, je n'ai pas à sauver ma fille, car, grâce au ciel,
cun danger ne la menace. En fût-il autrement, croyez-le, je
urais nul besoin de vos secours.

DELAUNAY.

Puissiez-vous dire la vérité, monsieur Durmer, et ne pas
us repentir un jour d'avoir négligé des avis, que j'ai cru
voir vous donner dans l'intérêt de mademoiselle Eugénie, et
spiré seulement par l'ancienne amitié, qui a longtemps uni
s deux familles. (*Il s'incline et sort par le fond.*)

SCÈNE XI.

DURMER, EUGÉNIE.

EUGÉNIE, *suppliant de nouveau son père.*

Maintenant, mon père, c'est votre fille qui embrasse vos ge-
ux, et vous supplie de la sauver !...

DURMER.

Enfantillage !

EUGÉNIE.

Cet homme auquel vous allez unir mon sort, je ne l'aime pas...
lgré tous mes efforts, mon père, je ne sais pourquoi je n'ai
l'aimer... je voudrais vous obéir, et mon cœur s'y refuse, et
it mon être se soulève... (*plus bas.*) Cet homme, il me fait
rreur...

DURMER.

Ma volonté est inébranlable... préparez-vous à l'exécuter.
ugénie sort en pleurant par la porte de gauche.)

SCÈNE XII.

JRMER, *seul. — Il est pensif, et vient s'asseoir à droite, près
du bureau.*

Ces caprices de jeune fille !... Mais, d'autre part, ce billet de
gt mille francs... comment se fait-il que Maurice, la prudence
me, ait souscrit un effet pour une somme aussi considérable ;
cette dette même, pourquoi ne m'en a-t-il jamais parlé ?...
l sans doute, sur ce point comme sur tant d'autres, aura-t-
une explication satisfaisante à me donner. (*Un domestique
vre la porte du fond et annonce monsieur Gaget.*)

SCÈNE XIII.

DURMER, UN COMMISSAIRE DE POLICE.

LE COMMISSAIRE.

C'est à monsieur Durmer que j'ai l'honneur de parler ?

DURMER.

Lui-même, monsieur. (*Durmer fait signe au domestique de se
tirer. La porte se referme.*)

LE COMMISSAIRE.

Je suis monsieur Gaget, commissaire de police.

DURMER, *lui présentant un siège.*

Puis-je, du moins, savoir...

LE COMMISSAIRE.

Le motif qui m'amène ?... Vous allez le comprendre... Vous

avez eu le malheur, monsieur, il y a deux ans environ, de perdre
un fils assassiné ! dans la forêt de Senart...

DURMER, *avec une inflexion pénible.*

Il n'est que trop vrai, monsieur !...

LE COMMISSAIRE.

On a volé sur lui une somme de trente mille francs, en billets
de banque ?...

DURMER, *douloureusement surpris.*

Oui, monsieur...

LE COMMISSAIRE.

Pardon de réveiller en vous des souvenirs bien douloureux,
je le sens ; mais il y a quelques jours, des bûcherons, en travaillant dans la forêt, à peu de distance du lieu où le crime
a été commis, ont trouvé, sous un tas de feuilles sèches, le
portefeuille que voici. (*Il présente un portefeuille à Durmer.*)

DURMER, *vivement et avec douleur.*

C'est celui de mon malheureux fils !

LE COMMISSAIRE.

Vous le reconnaissez ?...

DURMER.

Hélas oui ! monsieur...

LE COMMISSAIRE.

Veuillez faire une remarque. Il est percé vers le milieu, et
dans ses deux parties.

DURMER, *examinant de plus près.*

En effet, et je me souviens parfaitement que cette déchirure
n'existait pas.

LE COMMISSAIRE.

Monsieur votre fils avait sans doute placé, comme c'est l'u-
sage, son portefeuille dans la poche gauche de son habit, et
c'est au côté gauche qu'il a été frappé...

DURMER.

Oui...

LE COMMISSAIRE.

Il est donc probable que cette déchirure a été faite par l'assassin, et qu'elle est la trace même du coup qui a donné la
mort.

DURMER, *avec une profonde douleur.*

Oh ! mon Dieu !

LE COMMISSAIRE.

S'il en est ainsi, les billets, que renfermait ce portefeuille et
qui ont été volés, doivent aussi avoir été percés par le poignard.

DURMER, *vivement.*

C'est vrai, monsieur... c'est vrai !

LE COMMISSAIRE.

Ils doivent, en outre, avoir été tachés de sang, comme l'est
ce portefeuille.

DURMER.

Le ciel aurait donc permis que l'assassin, le misérable qui
a privé un père de son fils, commît un crime stérile !...

LE COMMISSAIRE.

Il se peut qu'il n'ait pas encore osé faire usage de ces billets,
percés par son poignard et tachés du sang de sa victime ; mais
peut-être aussi, la lâche cupidité qui l'a poussé au crime, a-t-
elle étouffé en lui la crainte du châtiment, et ces billets sont-
ils déjà en circulation.

DURMER, *comme frappé d'une idée subite.*

J'y songe, en effet !... ce serait là un sûr moyen de décou-
vrir le coupable.

LE COMMISSAIRE.

Vous comprenez maintenant, monsieur, qu'il était du devoir
de la justice de vous informer de cette circonstance, afin que
vous puissiez l'aider dans ses recherches.

DURMER.

Sans doute. (*Il rend le portefeuille au commissaire.*)

LE COMMISSAIRE.

Vous êtes banquier. Par suite de votre position, un grand
nombre de billets passent journellement entre vos mains...
vous pouvez même prévenir quelques-uns de vos confrères,
mais avec une extrême réserve, et en leur recommandant le
plus grand secret, pour ne pas éveiller la défiance du coupable.

DURMER, *avec dignité.*

Monsieur, si pénibles que doivent être pour moi des recherches, qui, je le prévois, vont raviver toutes mes douleurs, je

les ferai... je les ferai avec courage... avec conscience, pour venger, s'il est possible, mon malheureux enfant...

(Le commissaire s'incline et sort par le fond.)

SCÈNE XIV.

DURMER, MAURICE.

(Durmer est venu s'asseoir à droite, la tête appuyée sur ses mains, dans une attitude pensive.)

MAURICE, *entrant de droite et allant à Durmer.*

Monsieur ?

DURMER, *se retournant à la voix de Maurice.*

Ah ! c'est vous, mon ami ?

MAURICE.

Qu'avez-vous donc, monsieur ?... vous paraissez triste !...

DURMER.

En effet ! une circonstance imprévue, qui est venue renouveler ma douleur... une visite... pénible... (*A lui-même.*) Pauvre Charles !... (*Ce nom fait tressaillir Maurice.*) Fallait-il donc ne rappeler que lui seul demain doit manquer à la fête !...

MAURICE, *avec inquiétude.*

Que s'est-il donc passé ?

DURMER, *prenant sur lui.*

Rien !... rien... mon cher Maurice... Je vous dirai plus tard... (*Se levant.*) Mais avant tout tâchons de ne pas assombrir davantage un jour qui doit être consacré à la joie.

MAURICE, *à lui-même.*

C'est étrange !

DURMER, *comme pour changer d'idée.*

A propos, dites-moi donc, mon ami... Qu'est-ce qu'un billet de vingt mille francs que vous avez souscrit ?

MAURICE, *saisi, et avec embarras.*

Vingt mille francs !...

DURMER.

Est-il vrai ?...

MAURICE, *après quelque hésitation.*

Effectivement, monsieur... Vous savez que j'ai un frère, négociant à Nantes. Il s'est trouvé géné dans ses affaires, et m'a demandé de l'argent. N'en ayant pas à cette époque, je me suis cru forcé de m'engager pour lui.

DURMER.

Mais pourquoi ne vous êtes-vous pas adressé à moi ?

MAURICE.

Une somme aussi forte !... Je n'aurais jamais osé !...

DURMER *très-simplement.*

Dès que j'aurais su vous obliger... Convenez, mon ami, que j'ai le droit de vous adresser des reproches,..

MAURICE.

Au surplus, les affaires de mon frère se sont rétablies, et il m'a de suite envoyé les fonds nécessaires pour acquitter le billet à l'échéance, qui d'ailleurs ne doit survenir que dans quelques mois.

DURMER.

Ainsi, cette dette avait pour motif un service rendu, une généreuse action !... De votre part, Maurice, j'aurais dû m'en douter... Je vous laisse, mon ami, et vais tout préparer pour la cérémonie de demain. (*Il sort lentement par la gauche, après avoir adressé à Maurice un dernier geste d'amitié.*)

SCÈNE XV.

MAURICE, seul.

Demain !... demain, a-t-il dit ?... Non ! je ne l'épouserai pas... je ne peux pas... je ne veux pas l'épouser... cette main ne doit jamais toucher la sienne... Moi... son mari !... son sort à jamais rivé au mien !... Oh ! non !... cela ne sera pas ; cela est impossible !... Et ce malheureux père qui vient la jeter dans mes bras, malgré moi... malgré elle ! car, je ne m'y trompe pas ; elle a pour moi une aversion, qui lui vient du ciel ! (*Un silence.*) Et pourtant, si je refuse encore, il faut donner un motif... Elle est jeune ; elle est riche ; elle est belle... Me dédire, c'est tout perdre en un jour... position, fortune, avenir !... Et cet or... cet or, si nécessaire à mes passions... cet or, auquel j'ai tout sacrifié !... Et puis, qui sait alors si on ne cherchera pas une raison à cet inconcevable refus ?... si on ne la trouvera pas, la cause.... la véritable !... la seule ! celle qui est là !... (*Montrant son cœur, et d'une voix sombre.*) avec le remords !...

ainsi, il me faut épouser cette jeune fille, ou... Suite fatale d' premier crime !... D'un côté, le sacrilége ; de l'autre l'échafau (*Il tombe accablé sur le fauteuil de gauche. La porte du fo s'ouvre, un domestique paraît.*)

SCÈNE XVI.

MAURICE, HECTOR VAUTHIER. — *Ce dernier vêtu à la dernière mode ; lorgnon dans l'œil, stick à la main.*

VAUTHIER, *sur le seuil de la porte du fond, au domestique qui veut l'empêcher d'entrer.*

Désolé de forcer la consigne !... mais pour moi, on y toujours... (*Il entre, la porte se referme.*)

MAURICE, *se retournant vivement et se levant.*

Comment !... vous ici !... vous monsieur !

VAUTHIER.

Comme vous voyez. mon cher Maurice ; moi-même ! (*Lui tendant la main, et du ton le plus dégagé.*) Votre santé est bonn

MAURICE, *regardant autour de lui avec inquiétude.*

Au moins, personne ne vous a vu entrer ?

VAUTHIER, *avec indifférence.*

Je ne crois pas ; le jour commence à baisser... d'ailleu quand on m'aurait vu, qu'importe ? D'abord monsieur Durm ne me connaît pas, que je sache ; et puis, ne viens-je pas ch un confrère ?... Ne suis-je pas un banquier comme lui ?...

MAURICE, *avec ironie.*

Banquier ?... vous !

VAUTHIER.

Usurier, allez-vous dire ?... (*A lui-même.*) Insolent !... (*Hau Eh ! mon Dieu ! mon cher Maurice, ne vous récriez pas ! Tenez donc bien plutôt compte des mœurs du jour et des b soins du siècle. Ne vous figurez plus ces estimables industriel auxquels je me glorifie d'appartenir, comme la comédie représentait jadis, grotesques de fantaisie, affublés d'un J daïsme de commande et d'une gueuserie de convention. Q diable ! nous sommes dans l'âge du progrès. Partout, po nous, l'hôtel somptueux a détrôné le gothique taudis ; les c riosités de Tahan, les bronzes de Monbro, les toiles de D camps y ont avantageusement remplacé les baldaquins revendre et les lézards empaillés... Nous sommes devenus r ches ; partant, honorés. — Moi, par exemple : ma maison e des plus hantées, ma table des mieux servies... mon c m'attend à la porte ; c'est Crémieux qui me vend mes ch vaux... (*Avec une pirouette pleine de fatuité.*) et c'est Dusauth qui me fait mes habits...

MAURICE, *avec impatience.*

Au fait, monsieur !... qu'exigez-vous de moi ?

VAUTHIER, *avec le plus grand calme.*

Une misère !... les vingt mille francs dont le billet, sousc par vous, a déjà plus de deux mois d'échéance.

MAURICE, *saisi.*

Les vingt mille francs !... mais il était convenu que vous n laisseriez du temps...

VAUTHIER.

Sans doute ; mais j'avais compté moi-même sur des rentré qui m'ont fait défaut ; la liquidation du mois a été mauvaise les temps sont durs, les paiements difficiles... Bref , j'ai be soin d'argent.

MAURICE.

Vous n'avez rien à craindre pour le capital ; pas plus ta que demain , j'épouse mademoiselle Durmer ; dans quelqu jours, moi aussi, je serai riche.

VAUTHIER.

En vérité ?... je vous en fais, très-cher, mon sincère compl ment ; mais...

MAURICE, *vivement.*

Eh bien ?...

VAUTHIER.

Mais... j'ai besoin d'argent... (*A part.*) J'ai coté tes dédain

MAURICE.

Millionnaire comme vous l'êtes, ne sauriez-vous attendre ?

VAUTHIER.

Ah ! permettez, tout bon !... c'est précisément pour n'avo jamais attendu, que je suis aujourd'hui millionnaire.

MAURICE.

S'il le faut, nous doublerons l'intérêt.

VAUTHIER.

Inutile !

MAURICE, *insistant.*

Nous le triplerons.

VAUTHIER, *avec une dignité outrée.*

Fi donc ! pour qui me prenez-vous ?... (*Avec fermeté.*) Je vous le répète, d'ailleurs, tout délai est impossible ; toute instance superflue. J'ai un remboursement à faire demain, et cette somme m'est indispensable.

MAURICE, *accablé.*

Demain ?...

VAUTHIER.

Demain matin, à sept heures précises, j'aurai l'honneur de me présenter chez vous.

MAURICE.

Mais comment d'ici là ?...

VAUTHIER.

Ce sont là vos affaires ; et j'ai pour principe de ne m'occuper que des miennes.

MAURICE.

Cependant, mon cher monsieur Vauthier...

VAUTHIER.

Vous me voyez au désespoir de vous harceler de la sorte, mais cette somme, je vous jure, m'est de toute nécessité. (*Remontant la scène. — A Maurice qui s'est assis à gauche,*) Ne vous dérangez donc pas, je vous en prie... mille excuses de vous quitter si vite ; mais j'ai un diner de garçon à la Maison d'or... (*Tirant sa montre.*) et il me reste à peine le temps d'ébaucher ma toilette... Au revoir donc, mon cher Maurice !... à demain, sept heures !... je serai exact... (*A part, en sortant par le fond.*) Quand tu m'auras payé, peut-être alors serons-nous quittes !

SCÈNE XVI.

MAURICE, seul.

(*Il est tombé altéré dans un fauteuil. — Se relevant vivement, après quelques instants.*)

Mais non !... c'est impossible !... Il ne sera pas dit que la capacité d'un tel homme brisera mon avenir !... (*Il court ouvrir un tiroir du secrétaire, et y prend une poignée de louis avec une fièvreuse anxiété.*) Cette somme !... une chance heureuse !... Et demain matin, j'aurai mes vingt mille francs !... (*Après un moment de réflexion.*) Il ne me reste que cette ressource !... Allons !...

(*Il sort précipitamment par le fond. — Le rideau tombe.*)

ACTE III.

Un riche salon chez Durmer — Une table à gauche, sur laquelle se trouvent encrier, plumes, papier. — Un fauteuil auprès de la table. — Deux fauteuils de chaque côté de la porte du fond. — A droite, premier plan, une cheminée garnie ; une lampe allumée, avec un abat-jour. — Un fauteuil devant la cheminée ; pelle et pincettes.

SCÈNE I.

Au lever du rideau, il fait demi-jour à la rampe.

MAURICE, seul.

(*Il entre avec précaution Après avoir attentivement écouté s'il ne se fait pas de bruit dans la maison, il ferme la porte, puis vient s'asseoir devant la cheminée, où brûle un reste de feu, la tête dans ses mains : ses traits sont décomposés, ses cheveux en désordre. Après un silence :*)

Rien !... et il faut payer vingt mille francs... aujourd'hui... tout-à-l'heure ! Il y a un instant où j'étais doublé... oui, mais c'est vingt mille francs qu'il me fallait... Que la chance ait duré cinq minutes de plus, et j'étais sauvé... Oh ! quand tout a été perdu, que n'ai-je pu, sur ce fatal tapis vert, jeter ma vie comme un dernier enjeu... (*Il se lève.*) Cet homme que je viens de rencontrer, qui portait des sacs... c'est de l'argent, j'en suis sûr... je l'ai entendu sonner... Imprudent ! de porter ainsi de l'argent... la nuit... Si j'avais cru !... Encore un crime... et un crime stérile peut-être... comme le premier ! (*Une pause.*) Pourquoi stérile ?...puisque le mal est fait... il faut bien qu'il me profite !... Oui, il y a deux ans... après deux ans, les crimes sont oubliés... Qui pourra soupçonner ?... Ces billets... ces billets, voyons-les donc... le temps a dû effacer... Voyons-les... pour la centième fois. (*Il court dans la chambre à gauche, et en ressort avec un paquet de billets de banque. Après avoir écouté à la porte du fond :*) Aucun bruit dans la maison !... (*Il vient avec les billets près de la cheminée, les examine l'un après l'autre, les place devant la lumière et passe le doigt dessus.*) Je me plains !... (*Avec amertume.*) oh ! ne suis-je pas riche ?... voilà bien trente mille francs !... Allons ! allons !... la déchirure ne s'aperçoit pas... il faudrait des yeux... Personne ne sait, d'ailleurs, qu'ils ont été percés... car, le portefeuille, je l'ai caché dans le bois... je l'ai soigneusement recouvert de terre et de feuilles... On a su... on a su le crime, voilà tout !... mais l'affreuse circonstance qui l'a rendu inutile jusqu'à ce jour, tout le monde l'ignore... Quelle apparence que le porteur du billet ait le moindre soupçon ? (*Il passe encore les billets devant la lumière.*) Mais ces taches de sang... toujours là !... N'y a-t-il donc rien qui efface le sang ?... Oh ! non ! Dieu ne veut pas ! (*Brusquement.*) Ces taches de sang me trahiront... Jamais ! jamais ! (*Il rejette les billets sur la table, se lève et se promène à grands pas. Quelle heure ?... (*Il regarde la pendule.*) Sept heures bientôt. Déja le jour ! (*Il éteint la lampe. Le jour est venu à la rampe.*) Mais il va venir !... il va venir ! Oh ! cet homme ! cet homme ! (*Prêtant l'oreille.*) On monte l'escalier... (*Résolument.*) Allons ! il faut payer avec ces billets... car si je ne paie pas, je perds tout ; si je m'acquitte, une immense fortune, des monceaux d'or pour jouer !... (*On frappe doucement à la porte du fond.*) C'est lui ! (*Il ramasse précipitamment les billets, les met dans sa poche et va ouvrir.*)

SCÈNE II.

MAURICE, VAUTHIER.

VAUTHIER.

Bonjour, cher... la nuit a été bonne ?

MAURICE, *d'un ton saccadé.*

Merci ! votre billet ?

VAUTHIER.

Voilà ! (*Cherchant dans sa poche.*) Que diable !... Je savais bien que vous finiriez par faire honneur à votre signature... un homme qui va devenir millionnaire !

(*Maurice tend la main à Vauthier qui, ne voyant pas les billets de banque, retire son billet avec méfiance ; Maurice les lui présente ; ils font, en s'observant mutuellement, un échange réciproque.*)

MAURICE.

Comptez !

VAUTHIER.

Vous devez avoir plaisir à payer cette petite dette de garçon, n'est-il pas vrai ?... car c'est, à coup sûr, le dernier argent que vous emprunterez.

MAURICE, *avec une impatience fébrile.*

Comptez ! comptez !...

VAUTHIER.

J'y suis...

MAURICE.

Dépêchons-nous, je vous prie ; car je suis très pressé.

VAUTHIER.

Je vous crois sans peine ; un jour comme celui-ci !

MAURICE, *à lui-même.*

Nous n'en finirons pas !

VAUTHIER, *comptant et examinant.*

Ah ! voici une grande tache... (*Mouvement de Maurice.*) C'est de l'encre sans doute... de l'encre un peu claire ou de l'encre rouge... (*Maurice tressaille.*) car il y a là comme une teinte rougeâtre. (*Maurice fait un nouveau geste d'impatience.*) Ah ! pardon ! je ne demanderais qu'à en avoir un millier comme cela. (*Il rit.*) Tiens, celui-là a été percé au milieu... c'est raccommodé ; mais on le voit bien... Ah ! ah ! on dirait qu'il s'est battu en duel... et qu'il a reçu un coup d'épée.

MAURICE, *avec une inquiétude et une impatience toujours croissantes.*

Eh ! monsieur ! ne plaisantons pas, et finissons-en.

VAUTHIER.

Enfin, il est bon... (*Continuant de compter et d'examiner les billets.*) Tiens, ils sont tous pareils... c'est exactement la même chose... Encore une tache ! Ah ça ! mais on a donc renversé une bouteille d'encre rouge sur tout le paquet.

MAURICE.

Mais, monsieur, je vous les donne comme je les ai reçus... Allons ! l'acquit !...

VAUTHIER.

Permettez, mon cher... Il me semble cependant qu'il est bien naturel... On ne reçoit pas vingt billets de banque sans y regarder un peu. (*Poursuivant son examen.*) Percé comme les autres !...

MAURICE *à part.*

Quel supplice !

VAUTHIER, *fixant Maurice.*

Savez-vous que cela ne peut s'expliquer que d'une seule façon.

MAURICE, *avec angoisse.*

Laquelle ?

VAUTHIER.

Il aura pris fantaisie à une grande dame de haute finance de les enfiler comme des perles, et de s'en faire un collier... (*Riant.*) Ah ! ah ! ah !

MAURICE, *s'efforçant de sourire.*

Probablement !

VAUTHIER.

Toujours est-il qu'ils sont de franc aloi.

MAURICE, *allant à la table de gauche.*

L'acquit, Monsieur !

VAUTHIER, *après avoir signé.*

Là ! nous sommes en règle... (*Maurice prend le billet.*) Ces billets en collier... cela me rappelle une histoire...

MAURICE, *impatient.*

Pardon de vous congédier, mais...

VAUTHIER.

Tiens ! c'est parbleu juste... Moi, je suis là à bavarder, et, "oublie qu'aujourd'hui même... Grande affaire, ma foi ! mais belle affaire !... Adieu, bon ; recevez mes sincères compliments. (*A part, en sortant.*) Parvenu, va ! (*Il sort par la porte du fond.*)

SCÈNE VI.

MAURICE, seul.

Quelle torture ! Si l'on savait tout ce que coûte un crime !... (*Respirant plus librement.*) Maintenant au feu, au feu, le reste des billets ! (*Il tire de sa poche le reste des billets, les froisse avec colère, les jette dans le feu, puis remue la cendre avec des pincettes. Pendant ce temps, monsieur Durmer est entré par la porte à droite du public. Maurice, entendant du bruit, se retourne vivement, et dit avec brusquerie et une sorte de terreur :) Qui est là ?...*

SCÈNE VII.

MAURICE , DURMER.

DURMER.

Moi, mon ami !... Est-ce que je vous ai fait peur ?

MAURICE, *se remettant.*

Du tout, monsieur... Vous le voyez, je me chauffais.

DURMER.

Vous voilà comme moi, levé de grand matin... Le bonheur a cela de semblable aux soucis que, lui aussi, il empêche de dormir.

MAURICE, *à lui-même.*

Hélas !

DURMER.

Mais je ne vous trouve point une figure de marié... Vous êtes pâle... Souffrez-vous ?

MAURICE, *prenant sur lui.*

Non, monsieur.

DURMER.

Allons ! allons ! ce n'est qu'une émotion bien naturelle, d'ailleurs !

MAURICE, *avec embarras.*

Sans doute; et puis, je crains toujours de ne pas rendre mademoiselle Eugénie aussi heureuse qu'elle mériterait de l'être.

DURMER.

Encore, votre modestie qui vous revient !

MAURICE.

J'ai cru remarquer en elle de la tristesse.

DURMER.

Enfantillage que tout cela !... avant huit jours, elle vo aimera de toutes les forces de son cœur... et sera la plus he reuse des femmes...

MAURICE, *à lui-même.*

Plaise au ciel !

DURMER, *avec une émotion contenue.*

Et puis, ne voulez-vous pas songer un peu à moi ? Souvene vous donc, Maurice, qu'il ne me faut pas un gendre comm un autre ; un homme, par exemple, qui n'ait pas pour m une affection ancienne, dès longtemps éprouvée ; à qui puis venir la pensée de quitter ma maison.

MAURICE, *avec un embarras visible.*

Monsieur...

DURMER, *avec tendresse.*

Mon ami, (*montrant son cœur.*) Il y a là une blessure qui sai gne encore !... j'ai un fils à retrouver en vous.

MAURICE, *très-agité, et en se jetant aux pieds de Durmer.*

De grâce !...

DURMER, *le relevant avec beaucoup de bonté.*

Pourquoi ?... pourquoi à mes pieds ?... c'est dans mes bra qu'il faut venir ! (*Maurice se relève lentement, et se jette dan les bras de Durmer, mais avec une contrainte marquée.*) Allons allons ! écartons, s'il se peut , tout souvenir pénible. N'altéron pas le bonheur de cette journée. Vous savez que c'est à mid que se signe le contrat... J'ai quelques affaires à voir avec vou dans les bureaux... vous viendrez ensuite faire votre toilette..

(*Ils sortent par la gauche.*)

SCÈNE V.

EUGÉNIE, VALENTIN, *entrant par le côté opposé.*

VALENTIN.

Ayez donc un peu de courage, mademoiselle !

EUGÉNIE, *pâle et agitée.*

C'est pour midi, Valentin !

VALENTIN, *secouant la tête.*

Hélas ! oui ! sans délai.

EUGÉNIE, *tressaillant.*

Oh ! mon Dieu !

VALENTIN.

Que voulez-vous ? Puisque monsieur votre père se l'est mis en tête, et qu'il n'y a pas moyen de le faire revenir !... Faut bien se résigner ! ce sournois-là, on conçoit bien qu'une jeune et jolie demoiselle comme vous ne puisse pas l'aimer... une vraie figure de l'autre monde, quoi !... des yeux, comme un loup pris au piège... on ne m'ôtera pas de l'idée que cet homme là a sur la conscience un secret qui le dévore.

EUGÉNIE.

Tu croirais ?...

VALENTIN.

Oh ! il y avait un gars à Montgeron qui avait le visage tout pareil... On disait dans le pays: c'est drôle ; car c'est pourtant un bien brave homme !... sa femme était morte depuis tantôt deux ans... Eh bien ! il s'est trouvé que c'était lui qui l'avait empoisonnée.

EUGÉNIE.

Tu me fais frémir

VALENTIN.

Bah ! il ne faut pas vous tourmenter de ça... il ne peut pas avoir empoisonné sa femme, lui, puisqu'il n'a jamais été marié... c'est peut-être le jeu, qui le rend comme ça.

EUGÉNIE.

Un joueur !... me faire épouser un joueur !

VALENTIN.

Et dire qu'un homme, si droit que votre père, s'est laissé !... Ah ! tenez il le prendrait la main sur le tapis vert, qu'il sou tiendrait encore que ce n'est pas lui !...

EUGÉNIE.

Tu n'as pas vu monsieur Jules, ce matin?

VALENTIN.

Pas encore, mademoiselle. Pauvre jeune homme !... s'en donne-t-il, un mal !... il va, vient, court cherche des rensei-

ements tant qu'il peut... mais à quoi bon?... il viendrait
re que ce Maurice a volé, assassiné... votre père ne l'écouterait
ulement pas, et dirait qu'il invente tout ça, parce qu'il vous
me...

SCÈNE VI.

ES MÊMES, DELAUNAY, *entrant très-agité par la porte du fond.*

DELAUNAY.

Mademoiselle, vous me voyez au désespoir; j'ai pris des
nseignements partout, à la police même; tous viennent con-
mer ce que je savais déjà... cet homme est un joueur... on
voit habituellement dans les maisons de jeu... il y a encore
ssé la nuit dernière.

EUGÉNIE.

La nuit dernière?...

VALENTIN.

C'est donc ça que j'ai entendu du bruit, vers quatre heures,
la petite porte qui donne sur le jardin.

DELAUNAY.

On a ajouté qu'il avait perdu trois ou quatre mille francs.

EUGÉNIE, *saisie.*

Oh! mon Dieu!... mais il faut, une dernière fois, tenter
éclairer mon père.

DELAUNAY, *avec découragement.*

Impossible, mademoiselle!... cette suprême espérance no
ous reste même pas... j'ai rencontré monsieur Durmer...

EUGÉNIE, *vivement.*

Eh bien?

DELAUNAY.

Il refuse de m'entendre, et me traite de calomniateur.

EUGÉNIE, *accablée.*

Tout est perdu!

VALENTIN, *à part.*

La pauvre enfant!

EUGÉNIE, *résolument.*

Monsieur Jules... l'instant est décisif; conseillez-moi... sau-
ez-moi! Dieu m'est témoin que je ne voudrais pas désobéir à
on père; que, jusqu'à ce jour, il a trouvé en moi une fille
béissante et soumise; qu'à l'heure qu'il est, je serais heureuse
fière de sacrifier ma vie à sa volonté... Mais épouser cet
omme!... à jamais unir mon existence à la sienne!... oh!
on, non!... c'est impossible!... Ce n'est pas seulement de la
épugnance, c'est de l'effroi qu'il m'inspire... je ne sais pour-
uoi... sa vue me glace... hier soir, ma main a par hasard
fleuré la sienne... je l'ai retirée comme si j'avais touché un
erpent!... Oh! jamais! jamais!

DELAUNAY, *remontant la scène, et écoutant à la porte
de gauche.*

On vient! c'est lui!

EUGÉNIE, *vivement.*

Lui!... Oh! sauvez-moi... Par pitié, sauvez-moi! (*Elle s'en-
it avec Valentin par la porte du fond.*)

VALENTIN, *à Eugénie.*

Venez! venez! mademoiselle!

DELAUNAY, *seul.*

Oui, je la sauverai.

SCÈNE VII.

DELAUNAY, MAURICE, *entrant par la gauche.*

DELAUNAY, *à Maurice, qui s'est arrêté surpris à son
aspect.*

Ma vue vous étonne, monsieur?

MAURICE.

Je l'avouerai, monsieur; et après les étranges dénonciations,
ont je sais avoir été l'objet de votre part, après l'accueil qu'elles
t reçu de monsieur Durmer, je vous demanderai compte du
ngulier rôle que vous jouez ici, et de votre présence même,
ont j'ai, dès à présent, le droit de m'offenser.

DELAUNAY, *avec dignité.*

Monsieur, ce n'est point un rôle que je joue, mais un devoir
ue je remplis... Ma présence ici n'a qu'un seul but, celui de
otéger une famille, que l'on veut indignement tromper, et de
masquer un imposteur.

MAURICE.

Un imposteur!

DELAUNAY, *avec beaucoup de sang-froid.*

Vous, monsieur.

MAURICE, *frappé.*

Moi!...

DELAUNAY.

Oh! écoutez-moi... car le temps nous presse... un malheur
irréparable est sur le point de s'accomplir; et, à tout prix, je
veux l'empêcher... (*Fixant Maurice.*) Vous allez épouser mademoiselle Eugénie Durmer... et elle ne vous aime pas.

MAURICE.

Qu'en savez-vous?

DELAUNAY, *poursuivant avec beaucoup de calme.*

Non seulement, elle ne vous aime pas, mais elle vous hait.
(*Mouvement de Maurice.*) Tout-à-l'heure encore, elle vient de
fuir à votre approche... Oh! je le sais; il est des hommes qui
s'inquiètent peu des sentiments de la femme qu'ils vont épouser...
C'est sa fortune qu'ils veulent, et non son amour... Mais du
moins, ces spéculateurs déhontés, s'ils n'ont qu'une âme vénale,
devraient-ils, en échange de l'or qu'on leur jette, ne pas apporter des vices, avec lesquels le bonheur d'une femme est
impossible, et sa ruine assurée!

MAURICE.

Je ne comprends pas...

DELAUNAY.

Vous êtes joueur, monsieur.

MAURICE, *avec une fureur concentrée.*

Monsieur!

DELAUNAY, *le dévisageant et avec froideur.*

Vous êtes joueur... joueur effréné... non pas même de ces
joueurs élégants, qui se ruinent gaîment, au grand jour des
salons, à l'éclat des bougies... mais joueur hypocrite et téné-
breux... joueur de tripot!

MAURICE, *avec une irritation toujours croissante.*

Monsieur!

DELAUNAY, *s'animant par degrés.*

La nuit dernière encore, la veille même du jour où ce malheureux père doit vous livrer sa fille avec confiance, vous
avez quitté furtivement cette demeure; vous vous êtes glissé
dans l'ombre... comme ferait un voleur... ou un assassin...
(*Maurice tressaille à ce mot.*) Et vous êtes allé jouer dans un
mauvais lieu.

MAURICE, *avec explosion.*

Vous en avez menti!

DELAUNAY.

Allons donc! monsieur! l'insulte que j'attendais, a été bien
longue à venir; et j'ai cru qu'à l'hypocrisie vous joigniez la
lâcheté!

MAURICE, *d'une voix entrecoupée.*

Vos armes, monsieur?... le lieu et le jour?

DELAUNAY.

Le jour?... Oubliez-vous que, dans quelques heures, le contrat doit être signé, le sacrifice consommé?... C'est aujour-
d'hui, c'est à l'instant même, c'est ici que l'un de nous deux
tombera!... (*Indiquant la porte à droite.*) Dans cette chambre
sont les armes du pauvre Charles... (*Mouvement de Maurice.*)
S'il vivait, il les saisirait comme moi, pour détourner l'affreux
malheur, dont sa sœur est menacée. (*Il s'élance dans la
chambre.*)

SCÈNE VIII.

MAURICE, *seul, atterré.*

Un meurtre!... Encore un meurtre!... (*Cachant sa tête entre
ses deux mains.*) Oh! non!... non!... c'est moi qui dois mourir
ici!... et ces armes!... cette épée de ma victime!... Tant
mieux! ce sera le glaive de la justice elle-même!

SCÈNE IX.

MAURICE, DELAUNAY.

DELAUNAY, *entrant avec deux épées de combat. — Il va fermer les
portes, tire les verroux, mesure les épées, en présente une à
Maurice, et se met en garde.*

Défendez-vous, monsieur; je vous attends. (*Ils croisent le
fer, Maurice faiblit.*) Défendez-vous donc! (*Il le pousse avec
son épée, Maurice laisse tomber la sienne.*) Est-ce que vous avez
peur?

MAURICE, *ramassant vivement son épée.*

Peur! ah! (*Il se met en garde.*)

DELAUNAY, *devenu furieux.*

Défendez-vous donc, monsieur! je ne veux pas vous assassiner. (*Maurice reste toujours découvert, alors Delaunay jette son épée au loin.*)

MAURICE, *d'une voix sombre.*

Et qui vous dit, monsieur, que je ne veux pas mourir?

DELAUNAY.

Vous?

(*On frappe à la porte du milieu, au fond, et on la secoue violemment du dehors. Elle cede; monsieur Durmer parait sur le seuil.*)

SCÈNE X.

LES MÊMES, DURMER.

DURMER.

Que vois-je?... un duel?... dans ma maison!... (*Regardant Delaunay sévèrement et avec dédain.*) Je n'ai pas besoin de demander quel est l'auteur d'une pareille violence, le provocateur de cet odieux combat... Sortez, monsieur!

DELAUNAY.

Monsieur!...

DURMER.

Sortez, vous dis-je!... tout lien d'amitié est désormais brisé entre nous, et je vous défends de jamais reparaître devant moi.

DELAUNAY.

J'obéis, monsieur; cependant, au nom de votre honneur même, au nom de l'avenir de votre fille...

DURMER, *très froidement.*

Il suffit!... (*Il lui montre impérieusement la porte; Delaunay sort par le fond.*)

SCÈNE XI.

DURMER, MAURICE.

MAURICE.

Monsieur, permettez-moi...

DURMER, *avec plus de douceur.*

Vous non plus, mon ami; je ne veux pas vous entendre... Ma volonté eût été chancelante, que maintenant elle serait inflexible. Dans une heure, ici!...

(*Maurice sort par le fond.*)

SCÈNE XII.

DURMER, *seul.*

Je céderais aux violences de ce jeune insensé! ah! ce serait mériter le blâme de tous les pères de famille!... (*Apercevant une des épées sur la table.*) Mais que vois-je? les épées de Charles!... les armes de mon pauvre enfant, qu'on voulait diriger contre celui-là seul, qui nous a sauvés de la ruine, du déshonneur peut-être!... Oh! c'est une indigne profanation!

UN DOMESTIQUE, *annonçant à la porte du fond.*

Monsieur Vauthier!

SCÈNE XIII.

DURMER, VAUTHIER.

VAUTHIER, *après avoir salué.*

Monsieur, vous êtes porteur, sur moi, d'une traite de trente mille francs, payable chez vous, et je viens...

DURMER, *vivement.*

Ah! monsieur, je vous attendais avec impatience... car j'ai donné à cet argent, pour ce jour même, une destination... une surprise, dans une corbeille de mariage... En y ajoutant une vingtaine de mille francs, cette somme complétera le petit trésor de la mariée.

VAUTHIER.

Petit?... vous êtes bien modeste. Il est vrai qu'en comparaison de la fortune de mademoiselle votre fille...

DURMER.

Ah! vous savez déjà?...

VAUTHIER, *à part.*

Soyons bon diable; ne vendons pas Maurice. (*Haut.*) Mon Dieu je le sais... par la rumeur publique, qui, d'ordinaire, se mêle un peu de tout, et dit son mot sur les brillants mariages...

DURMER.

Vous ne connaissez pas mon gendre?

VAUTHIER.

Non, monsieur... non; pas personnellement, du moins; mais j'ai entendu parler de lui comme de l'une des hautes capacités de la Banque... Permettez-moi donc de vous faire mon compliment. (*Durmer s'incline.*) Voici... (*Il tire les billets de son portefeuille.*) les trente billets... si vous voulez compter... (*Durmer invite Vauthier à s'asseoir; celui-ci refuse. Durmer va s'asseoir à droite et compte les billets. Arrivé à ceux donnés le matin par Maurice, il en passe quelques-uns sans rien remarquer. Mais l'un d'eux parait fixer son attention; alors il revient sur les précédents; et, après les avoir examinés, il reste pensif, passe ses deux mains sur son front comme pour chercher un souvenir; sa figure s'altère peu à peu. Vauthier, immobile à ses côtés, a suivi des yeux cette pantomime.*)

VAUTHIER.

Je vois, monsieur, que ces billets vous font le même effet qu'à moi, lorsqu'on me les a remis; je disais qu'ils avaient dû servir de collier à une grande dame, car ils paraissent avoir été percés au milieu.

DURMER, *frappé.*

Percés!... (*Il regarde vivement les billets; et, cette fois, les feuillette avec une angoisse sensible.*) Et cette tache?

VAUTHIER.

En effet, il y a là comme une tache rougeâtre.

DURMER, *jetant un cri.*

Ah!... (*Il saisit violemment Vauthier par le bras, le regarde fixement et avec une sorte de terreur.*) Qui êtes-vous, monsieur?

VAUTHIER, *interdit.*

Moi, monsieur?... Je suis monsieur Hector Vauthier, négociant... Mais puis-je savoir pourquoi?...

(*Durmer le saisit à la gorge, en s'écriant.*)

A moi... à moi!!! mes amis! au secours! (*Plusieurs domestiques entrent vivement par la porte du fond.*)

SCÈNE XIV

LES MÊMES, EUGÉNIE, VALENTIN, *plusieurs domestiques.*

EUGÉNIE, *avec effroi.*

Mon père, qu'y a-t-il? (*Les domestiques saisissent Vauthier.*)

DURMER, *tenant toujours Vauthier d'une main, et de l'autre montrant les billets.*

Cette tache... cette tache... Savez-vous que c'est du sang?

VAUTHIER.

Du sang?

DURMER.

Et cette déchirure... c'est la trace d'un poignard...

TOUS, *saisis.*

Un poignard!...

DURMER.

Oui!... du sang... (*Il fond en larmes.*) Celui de mon malheureux fils!... ce poignard, le fer qui a percé son cœur!... (*Remarquant que Vauthier n'éprouve aucune émotion, il passe lentement la main sur son front.*) Mais non; ce ne peut être lui... l'assassin, ce n'est pas à moi qu'il aurait apporté la preuve de son crime!... (*A Vauthier.*) Pardonnez-moi, monsieur; je vous ai fait injure... Excusez la douleur et l'égarement d'un père! (*Les domestiques lâchent Vauthier.*) D'où vous viennent ces billets?

VAUTHIER.

En vérité, monsieur, je ne sais maintenant si je dois...

DURMER.

Ah! parlez, monsieur! sinon, la justice saurait vous y contraindre!

VAUTHIER.

Si j'hésite, c'est que la personne, qui me les a remis, vous est connue...

DURMER, *vivement.*

Qui donc?

VAUTHIER.

Qu'elle est même sur le point d'appartenir à votre famille.

ont écouté avec anxiété.) Je les tiens... de
..urice.

DURMER et EUGÉNIE.

e monsieur Maurice?

DURMER, *après un silence.*

t cependant, monsieur, vous m'avez dit quo vous ne le con-
siez pas?...

VAUTHIER.

est vrai, monsieur; il m'avait prié de ne pas vous parler
nos relations.

DURMER.

t quelle était la nature de ces relations.

VAUTHIER.

elles d'un créancier et d'un débiteur... Monsieur Maurice
devait vingt mille francs.

DURMER.

h?... cette somme, qu'il avait empruntée pour payer une
e de son frère, il y a six mois.

VAUTHIER.

oilà bien plus longtemps que monsieur Maurice est mon
iteur!... trois ou quatre ans au moins.

DURMER.

rois ou quatre ans?... et quelle cause supposez-vous à ces
oins d'argent?

VAUTHIER, *avec embarras.*

Ionsieur!...

DURMER, *vivement.*

arlez... parlez, je vous en conjure.

VAUTHIER.

ai entendu dire que monsieur Maurice... jouait.

DURMER.

était donc vrai!... (*Une pause.*) Et... ces billets?

VAUTHIER.

e matin, je suis venu réclamer mon paiement; monsieur
urice a imploré un nouveau délai !.., et, sur mon refus, il
a payé avec ces vingt billets.

DURMER, *atterré.*

ui !... ces billets... entre ses mains !... (*Cherchant à rassem-
ses souvenirs.*) Il me semble cependant... cette blessure au
s... mais comment ces billets... dans ses mains?... il est
eur !... Quelle affreuse lumière !... et j'allais lui livrer ma
... ma fille ! (*Il la serre convulsivement dans ses bras.*) Oh !
pauvre enfant !... Mais où est-il?... où est-il?... Peut-être
rra-t-il expliquer,.. (*Aux domestiques.*) Monsieur Maurice?

VAUTHIER, *qui s'est dirigé vers la porte du fond.*

Le voici. (*Durmer cache vivement les billets dans ses mains.*)

LES MÊMES, MAURICE.

(*A son arrivée en scène, Maurice est le but de tous les regards
A l'aspect de Vauthier, il tressaille et promène autour de lui ses
yeux avec méfiance.*)

DURMER, *avec une émotion qu'il s'efforce de contenir.*

Vous connaissez monsieur? (*Il indique Vauthier.*)

MAURICE, *balbutiant.*

En effet j'ai eu l'honneur de voir monsieur quelquefois.

DURMER.

Ce matin... (*Maurice fait un geste d'effroi; Durmer ajoute vivement, en montrant les billets à Maurice, d'une main tremblante.*)
Vous lui avez remis... ces billets?

MAURICE, *jetant un cri de terreur.*

Ah !... (*Il recule avec épouvante devant les billets, comme devant un fantôme, couvre son visage de ses mains... puis s'en-
fuit dans la chambre à droite, dont il referme vivement la porte.*)

DURMER.

Assassin ! (*Les domestiques veulent s'élancer vers la porte par
laquelle Maurice est sorti; Durmer les arrête du geste, et fait
signe à Valentin de suivre seul Maurice. Valentin entre dans la
chambre.*)

LES MÊMES, DELAUNAY, *entrant par la porte du fond.*

DELAUNAY, *à Durmer.*

Monsieur pardonnez-moi; je n'avais pas eu le courage de
m'éloigner de cette maison... et l'inquiétude...

DURMER, *lui saisissant vivement la main.*

Venez, monsieur... venez, mon ami !... C'est à moi qu'il faut
pardonner un aveuglement, qui pouvait être si fatal!... La
main de ma fille... à l'assassin de son frère!...

DELAUNAY.

Eh! quoi! ce misérable?...

(*On entend un coup de feu au dehors, à droite. Un instant après,
Valentin reparaît, et s'incline devant Durmer.*)

DURMER, *qui comprend ce que Valentin veut dire.*

Le meurtrier s'est fait justice ! (*Tendant la main à Delaunay,
et y plaçant celle d'Eugénie.*) C'est vous qui serez mon fils !

(*Vauthier, Valentin, et les autres domestiques son debout près de
la chambre de droite.*)

TABLEAU